# 100 blagues! Et plus...
## No 10

### Blagues et devinettes
### Faits cocasses
### Charades

Conception et illustration de la couverture :
**Dominique Pelletier**

Conception graphique :
**Monique Fauteux**

Illustrations de l'intérieur :
**Bill Dickson**

Éditions
■SCHOLASTIC

100 blagues! Et plus…
Nº 10
© Éditions Scholastic, 2006
Tous droits réservés
Dépôt légal : 3ᵉ trimestre 2013

ISBN : 978-1-4431-3439-2

Éditions Scholastic
604, rue King Ouest
Toronto (Ontario)
M5V 1E1
www.scholastic.ca/editions

6 5 4 3 2  Imprimé au Canada 140  14 15 16 17 18

En 1994, deux cambrioleurs américains ont attaqué un couple, non pas à la pointe du fusil… mais armés d'un serpent.

3

Mon premier se dirige quelque part.

Mon deuxième est la moitié
d'un cheveu.

Mon tout vit à la ferme.

● ● ● ● ● ● ● ● ● ● ● ● ● ● ● ● ● ● ● ● ● ● ● ● ● ●

À la bibliothèque, Julie regarde
un livre intitulé *Comment entrer au
cinéma sans payer.*

- L'auteur vient de faire paraître
la suite, lui dit la bibliothécaire.

- Quel est le titre? demande
Julie.

- *Mes deux ans en prison,* répond
la bibliothécaire.

Si jamais tu as l'idée d'utiliser
un aspirateur pour vider un nid de
guêpes, n'oublie pas de sceller le sac
et de t'en débarrasser. Un homme a
déjà appris cette leçon à ses dépens.

QUEL EST LE COMBLE POUR UN TAILLEUR?

RÉPONSE : PERDRE LE FIL DE SES IDÉES.

- Bonjour, monsieur. Je viens régler le dernier paiement de la poussette que j'avais achetée à crédit.

- Parfait, madame. Et comment va l'enfant?

- Très bien! Elle va se marier la semaine prochaine!

Un physicien australien a réalisé
des expériences sérieuses, dans le but
de trouver la meilleure façon de
tremper un biscuit.

Mon premier est un félin.

Mon deuxième permet de
voir plus grand.

Mon tout va sur l'eau.

MONSIEUR ET MADAME LIGUILI ONT
UN FILS, COMMENT S'APPELLE-T-IL?

RÉPONSE : GUY!

- Dis, maman, demande Aurélie,
pourquoi est-ce que c'est moi qui dois
aller me coucher quand c'est toi qui es
fatiguée?

- Quel explorateur a découvert que la Terre était ronde? demande le professeur.

- Sire Conférence! répond Félix.

• • • • • • • • • • • • • • • • • • • • • • • • • • • • • • • • • • • • • • • • • •

- Gabriel, tu n'as pas réussi ton test de maths. Tes réponses n'étaient pas bonnes, déclare le professeur.

- Ce n'est pas grave, répond Gabriel, vos questions n'étaient pas bonnes non plus.

À cause d'un blizzard qui a laissé des bancs de neige de 3 m de haut, les élèves et les enseignants de Saint-Anthony (Terre-Neuve) se sont retrouvés coincés dans leur école pendant deux jours.

Par le passé, les boulangers
fabriquaient des bretzels assez gros
pour qu'on les porte autour du cou.

COMMENT FAIT-ON TAIRE UN PERROQUET
DE 10 KILOS QUI PARLE TROP?

RÉPONSE : ON ACHÈTE UN CHAT DE
            20 KILOS TRÈS SILENCIEUX.

Les meilleurs onguents se trouvent
dans les petits de mon premier.

On se couche dans mon deuxième.

Mon troisième est un pays en Asie.

Mon quatrième sert à voler.

Mon tout est un personnage de
comédie.

13

Jusqu'au XVIIe siècle, en Europe, il n'y avait pas de différence entre les chaussures pour femmes et celles pour hommes.

Jusqu'au XIXe siècle, il n'y avait
pas de différence entre
les chaussures pour le pied droit
et celles pour le pied gauche.

QUELLE EST LA RACE DE CHIENS
LA PLUS DRÔLE?

RÉPONSE : LE CHIHUAHUAHAHA

- Jacques, copies-tu
les réponses de ton voisin?
demande le professeur.

- Non, monsieur! répond
Jacques. Je m'assure qu'il
a bien noté les miennes.

Les trains s'arrêtent à mon premier.
Mon deuxième est fait avec une corde.
Mon troisième ne dit pas la vérité.
Mon tout est un garçon espiègle.

17

COMMENT RATTRAPE-T-ON UN CHIEN
QUI S'EST SAUVÉ?

RÉPONSE : ON SE CACHE DERRIÈRE
UN ARBRE ET ON FAIT
LE BRUIT D'UN OS.

- Je ne pense pas que je
mérite un zéro pour ce test!
s'exclame Anne.

- Je suis d'accord, répond
le professeur, mais je ne peux
pas donner de note plus basse.

- Quelle est la définition du mot « autobiographie »? demande le professeur.

- La vie d'une voiture, répond Charlotte.

Le café Luak
(le plus coûteux du monde) est fait de
fèves mangées et éliminées par le luak
(petit animal de l'Île de Java qui
ressemble au chat).

- Comment dit-on chat en anglais? demande Charlie.

- Cat, répond Catherine.

- Et comment dit-on chien? reprend Charlie.

- Ben, cinq? suggère Catherine.

• • • • • • • • • • • • • • • • • • • • • • • • • • • • • • • • • • •

- Docteur, docteur,
mon mari se prend pour
un mouton. Est-ce grave?

- Bêêêêê, non! répond
le médecin.

Un facteur parle avec son collègue :

- Un chien m'a mordu la jambe ce matin!

- Tu as mis quelque chose dessus? demande son collègue.

- Non, réplique le facteur, le chien préfère ça nature.

● ● ● ● ● ● ● ● ● ● ● ● ● ● ● ● ● ● ● ● ● ● ● ● ● ● ● ● ● ● ● ●

- C'est la loi de la gravité qui nous empêche de tomber de la planète, déclare le professeur.

- Qu'est-ce qui nous retenait avant que la loi soit passée? demande Simon.

En 2002, un cambrioleur allemand s'est glissé un sac sur la tête en entrant dans une banque... mais il a oublié de découper des trous pour les yeux!

Mon premier est un oiseau
que l'on dit voleur.

Mon deuxième est un animal
à longues oreilles.

Mon troisième mouille.

Mon tout est un instrument
de musique.

● ● ● ● ● ● ● ● ● ● ● ● ● ● ● ● ● ● ● ● ● ● ● ● ● ● ● ● ● ● ●

- Quand Caillou sera grand, demande
Martine, s'appellera-t-il Pierre?

Le plus petit cerf du monde
se trouve en Asie du Sud-Est.
Il mesure à peine 50 cm.

En 2003, une émission de télévision pour chats a fait ses débuts. Du yoga pour chats et des vidéos montrant des écureuils étaient deux des choix offerts aux téléspectateurs félins.

- Quelle heure est-il? demande
Julie.

- Il est quatre heures, répond
la monitrice.

- Franchement! soupire Julie. Je
pose cette question depuis ce matin
et tout le monde donne une réponse
différente.

- Mes parents m'envoient en camp de vacances, déclare Samuel.

- Ah bon! réplique Nicole. Tu as besoin de vacances?

- Ce n'est pas moi qui ai besoin de vacances, ce sont mes parents! répond Samuel.

• • • • • • • • • • • • • • • • • • • • • • • • • • • • • • •

- Sais-tu pourquoi ma sœur passe ses soirées au téléphone? demande Cloé.

- Non, répond son amie.

- Pour garder la ligne! répond Cloé.

Un caramel dur rencontre un caramel mou écrasé. Il lui dit :

- Ha! Tu as encore voulu faire le dur!

• • • • • • • • • • • • • • • • • • • • • • • • • • • • • • • • • •

- Paul a pris ma casquette! dit Simon en s'adressant au professeur.

- Paul, as-tu pris la casquette de Simon? demande le professeur.

- Absolument pas! Jamais de la vie! répond Paul.

- Très bien, je te crois, dit le professeur.

- Vraiment? dit Paul. Alors je peux la garder?

Un artiste des Pays-Bas a été déçu parce que son collage n'a pas duré longtemps dans une exposition. Surprise, surprise... Il était fait de 200 lettres en chocolat.

Contrairement à tout ce que l'on
prétend sur Internet, le coin-coin
du canard produit un écho.

En Colombie, on fait griller
des fourmis, qu'on consomme souvent
comme collation au cinéma.

Après la première journée d'école de son fils, une mère demande :

- As-tu aimé aller à l'école?

- Oui, maman, lui répond son fils. Et j'ai aussi aimé rentrer. C'est le temps entre l'aller et le retour que je n'ai pas aimé.

• • • • • • • • • • • • • • • • • • • • • • • • • • • • •

Mon premier est un oiseau.

Mon second est un possessif.

Mon troisième n'est pas court.

Mon tout est un vêtement.

Mon premier est l'opposé de blanc.
Mon second est le féminin de frère.
Mon tout survient au coucher du soleil.

• • • • • • • • • • • • • • • • • • • • • • • • • • • • • • • • •

- Maman, je ne retourne pas à
l'école demain, déclare Annie.

- Pourquoi, chérie? lui demande sa
maman.

- Parce que lundi, ma professeure a
dit que 7 et 3 font 10. Mardi, elle a
dit que 9 et 1 font 10. Aujourd'hui,
elle a dit que 5 et 5 font 10. Moi,
je n'y remets pas les pieds, affirme
Annie, avant qu'elle ne se décide
une fois pour toutes.

- Jacob, nous ne sommes qu'au premier jour d'école et tes professeurs se sont déjà plaints de toi, déclare le directeur.

- Mais je n'ai rien fait, monsieur le directeur! rétorque Jacob.

- C'est justement ce que disent tes professeurs! répond le directeur.

• • • • • • • • • • • • • • • • • • • • • • • • • • •

- Dites-moi, madame La Flair, la petite Isabelle Thibodeau est-elle aussi nulle que l'année passée?

- Oh! vous savez, madame la directrice, je ne voudrais pas dire qu'elle est nulle. Mais c'est vrai qu'elle a dû tricher pour avoir un zéro à son test de maths aujourd'hui.

Mon premier ne rentre pas.

Mon second est une note de musique.

Mon troisième est essentiel à la vie.

Mon tout jette des sorts.

- - - - - - - - - - - - - - - - - - - - - - - - - - -

- Regardez le beau cheval! dit Simon au professeur, lors d'une sortie scolaire.

- Mais ce n'est pas un cheval, Simon, dit son professeur, c'est un âne.

- Ce n'est pas vrai! rétorque Simon. Il ne me ressemble pas du tout!

Un policier demande à un fou assis sur un banc depuis trois heures :

— Que faites-vous là?

— Puisque la Terre tourne, répond le fou, j'attends que ma maison passe!

• • • • • • • • • • • • • • • • • • • • • • • • • • • • • •

En faisant l'épicerie, Adam pleure.

— Pourquoi pleures-tu? demande son papa.

— À l'école, on m'appelle « grosse tête »!

— Ne t'en fais pas, Adam, tu n'as pas une grosse tête, répond son papa. Maintenant, donne-moi ta casquette, que j'y mette les 5 kg de patates!

QUEL ANIMAL A LA TÊTE D'UN CHAT,
LA QUEUE D'UN CHAT ET LES MANIÈRES
D'UN CHAT, MAIS N'EST PAS UN CHAT?

RÉPONSE : UN CHATON!

- Docteur, docteur, venez vite! Mon fils a avalé mon stylo! hurle M. Lalonde au téléphone.

- J'arrive dans 15 minutes! répond le docteur.

- D'accord, répond M. Lalonde, rassuré. En attendant, je vais utiliser un crayon à mine.

QUELLE EST LA CAPITALE DU TAMALOU?

RÉPONSE : JÉBOBOLA!

Mon premier est le petit de la vache.

Mon deuxième est le participe passé du verbe « lire ».

Mon troisième signifie moitié.

Mon quatrième est l'unité utilisée pour mesurer la vitesse d'un navire.

Mon tout qualifie un objet qui occupe beaucoup d'espace.

- Je suis tellement fort, dit un homme, que je peux soulever un éléphant avec une seule main.

Et il ajoute :

- Le plus dur est de trouver un éléphant qui n'a qu'une seule main.

• • • • • • • • • • • • • • • • • • • • • • • • • • • • • • • •

- Je me souviens très bien de ma table de multiplication, grâce à ma mémoire photographique, déclare Julie.

- Dommage qu'elle ne soit pas développée, rétorque le professeur.

Aux États-Unis, un brevet a été accordé pour un système d'alarme qui clignote et émet un signal sonore lorsque la couche est mouillée.

Les défenses de l'éléphant sont des incisives qui n'en finissent pas de pousser.

QU'EST-IL ARRIVÉ À LA PLANTE
QUI DÉCORE LA CLASSE DE
MATHS?

RÉPONSE : ELLE A EU DES
RACINES CARRÉES!

Mon premier est la deuxième note de la gamme.

Mon deuxième est utilisé pour écrire au tableau noir.

Mon troisième est la première lettre de l'alphabet.

Mon quatrième est le verbe « scier » conjugué à la première personne du pluriel, au présent.

Mon tout est attendu avec hâte par les enfants à l'école.

- Lucie, les résultats de ce test sont beaucoup plus bas que tes résultats de l'année passée! dit une mère à sa fille.

- C'est la faute de mon professeur, répond Lucie.

- Comment veux-tu que ce soit la faute de ton professeur? s'écrie la mère.

- Eh bien, cette année, elle m'a fait changer de place et je ne suis plus assise à côté de Louise, la bolée.

• • • • • • • • • • • • • • • • • • • • • • • • • • • • • • • • • •

Mon premier est le contraire de froid.

Mon deuxième est le contraire de sous.

Mon tout est utile pour marcher.

- Monsieur le professeur, demande André, pourriez-vous vous fâcher contre moi pour quelque chose que je n'ai pas fait?

- Bien sûr que non, répond le professeur.

- Ah, tant mieux! parce que je n'ai pas fait mes devoirs, soupire André.

• • • • • • • • • • • • • • • • • • • • • • • • • • • • • •

- Solange, épelle le mot « souris », demande le professeur.

- S-O-U-R-I, répond Solange.

- Et qu'est-ce qu'il y a à la fin? ajoute le professeur.

- Une queue, répond Solange.

Au fur et à mesure que le soleil
s'élève dans le ciel, l'écureuil
d'Afrique du Sud reste au frais
en formant un « parasol » avec
sa longue queue touffue.

- Mademoiselle, j'ai des problèmes avec l'asthme, dit Pierre.

- Es-tu allé voir l'infirmière? demande la professeure.

- Je ne suis pas malade, mademoiselle, je ne sais tout simplement pas comment l'épeler, répond Pierre.

• • • • • • • • • • • • • • • • • • • • • • • • • • • • • • • •

- Qui peut épeler le mot « Québec »? demande le professeur.

- La ville ou la province? demande Gaston.

Certains éléphants de Sumatra ont été
dressés pour protéger les forêts
contre la coupe illégale de bois. Au son
de la scie mécanique, ils chargent.

QUE DIT LE PAIN QUAND ON LE COUPE?

RÉPONSE : IL DIMINUE!

Mon premier est un animal
de la ferme.

Mon deuxième est le lieu où
l'on amarre les bateaux.

Mon troisième est le sommet
de la montagne.

Mon tout est un animal
sauvage à aiguilles.

Mon premier est un rongeur.

Mon deuxième est un poisson
populaire en salade.

Mon troisième est le verbe
« laver » à la troisième personne
du singulier, conjugué au présent.

Mon quatrième est une mesure
du temps indiqué sur une montre
ou une horloge.

Mon tout est un animal sauvage
bien malin.

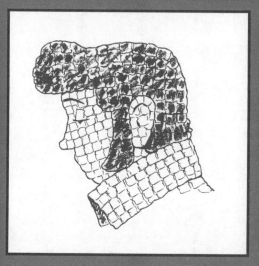

Pour honorer Elvis Presley, un de
ses fans néo-zélandais a réalisé
un portrait géant de son idole, à
partir de 4000 morceaux de rôties.
Il a utilisé des rôties brûlées pour
faire les cheveux.

La maman d'Émilie est très fâchée.

- La soupe a débordé! Je t'avais demandé de surveiller ta montre!

- Mais je l'ai fait, et il était exactement 8 h 10 quand la soupe a débordé!

......................................................

- Je prends un cours d'histoire ancienne cette année, dit Christian.

- Tiens, moi aussi! répond Françoise. On va pouvoir parler du bon vieux temps!

- Combien de saisons y a-t-il dans une année? demande le professeur.

- Deux. Celle du hockey et celle du baseball, répond Chantale.

..........................................................

Deux poules papotent ensemble par un jour d'hiver.

- Tu es folle de couver dehors par un temps pareil! dit la première.

- Je n'ai pas le choix! répond l'autre. Le pâtissier a besoin d'œufs en neige!

Vous étiez là jusqu'à ce que
vous partiez, est-ce exact?

• • • • • • • • • • • • • • • • • • • • • • • • • • • • • •

Marc arrive à l'école, les cheveux
en broussaille.

- Marc, demande le professeur,
pourquoi ne t'es-tu pas coiffé, ce
matin?

- Je n'ai pas de peigne, lui répond
Marc.

- Tu ne pouvais pas emprunter celui
de ton père? reprend le professeur,
un peu fâché.

- Ben non, réplique Marc, mon père
n'a pas de cheveux.

Dans son orbite autour du Soleil,
la Terre parcourt 30 km/sec.
Étourdissant, non?

Les fourmis travaillent sans arrêt.
Elles ne dorment jamais.

Mon premier est une rangée d'arbustes.

Mon deuxième est un grain populaire
en Chine.

Mon troisième n'est ni mon, ni ton.

Mon tout est un animal qui pique si
on le flatte.

• • • • • • • • • • • • • • • • • • • • • • • • • • • • • • • •

Une voyante va au commissariat
pour rapporter le vol de sa voiture.

- Quand cela s'est-il passé?
demande le commissaire.

- Ça n'est pas encore arrivé,
répond la voyante, ça doit avoir
lieu demain!

En 2001, un parc d'attractions
sud-coréen a eu beaucoup de succès
avec une exposition qui occupait
sept salles. Le sujet?
« L'histoire du fumier ».

QU'EST-CE QU'UN POINT BLEU DANS
UNE FLEUR?

RÉPONSE : UNE ABEILLE EN JEANS.

MONSIEUR ET MADAME TÉRIEUR ONT
DEUX FILS. COMMENT LES APPELLENT-ILS?

RÉPONSE : ALEX ET ALAIN.

UN SINGE, UN RHINOCÉROS ET UNE VACHE SONT EN DESSOUS D'UN PARAPLUIE. LEQUEL S'EST FAIT MOUILLER?

RÉPONSE : AUCUN, IL NE PLEUVAIT MÊME PAS DEHORS!

- Mais lâchez-moi! Je ne suis pas fou, je suis l'envoyé de Dieu! hurle un fou, à l'asile.

- Ne l'écoutez pas, je n'ai envoyé personne, répond un autre fou.

60

Mon premier est le contraire de vrai.

Mon deuxième protège l'œil.

Mon tout se trouve dans la pierre.

QU'EST-CE QU'UNE GIRAFE PEUT
SENTIR AVANT TOUS LES AUTRES?

RÉPONSE : LA PLUIE!

En 2003, des étudiants d'une école
de Beijing ont dû payer une amende
de 1 $ chaque fois qu'ils émettaient
un gaz en classe.

QU'EST-CE QUI PASSE À TRAVERS
LES VITRES SANS LES BRISER?

RÉPONSE : LES RAYONS DU SOLEIL

Mon premier est le lieu où
les canards se baignent.

Mon deuxième est le contraire
de tard.

Mon tout est un outil utile.

QU'EST-CE QUI RESSEMBLE LE PLUS
À LA MOITIÉ D'UN PAPILLON?

RÉPONSE : L'AUTRE MOITIÉ.

Un chiot rentre de l'école et
dit à sa maman :

- Maman, aujourd'hui, à l'école
on a appris une nouvelle langue!

- Et quelle langue est-ce?
demande sa maman.

- Le miaou! répond le chiot.

QU'EST-CE QUI EST PETIT,
BLANC ET FAIT RIGOLER?
RÉPONSE : RIZ!

Un agent de police arrête une voiture
et dit :

- À combien rouliez-vous, monsieur?

- À deux, répond le conducteur, mais
si vous montez, on sera trois.

En France, un groupe de jeunes
anti-graffiti a poussé la perfection
un peu trop loin en effaçant des
peintures préhistoriques rares dans
des cavernes.

- Qui peut me dire quel est le vrai nom du petit doigt? demande le professeur.

- C'est l'auriculaire, répond Joseph.

- Oui, c'est ça, dit le professeur. Et pourquoi porte-t-il ce nom-là?

- C'est parce qu'on le met souvent dans l'oreille, répond Joseph.

- Très bien. Maintenant, dit le professeur en montrant son index, comment s'appelle ce doigt-ci?

- Le nez-culaire, s'exclame Joseph, parce que c'est dans le nez qu'on le met le plus souvent!

Mon premier a six faces.

On dort dans mon deuxième.

Mon troisième est le pluriel de ciel.

Mon tout est très bon.

Selon une étude, nous mangeons
environ 1 kg d'insectes par année...
surtout des insectes qui se retrouvent
broyés dans des produits comme
la confiture et le beurre d'arachide.

Un escargot monte sur le dos
d'une tortue et dit :

- Ah, ça, c'est de la vitesse!

....................................

Un fou est prisonnier dans un asile.
Il se penche à la fenêtre et demande
à un passant :

- Vous êtes nombreux, là-dedans?

Au total, les Canadiens mangent, chaque jour, un quart de million de dîners au macaroni et fromage de Kraft.

Une femelle kangourou fait des bonds dans la campagne. Tout à coup, elle s'arrête pour se gratter le ventre, puis repart en sautillant, s'arrête de nouveau, se gratte, repart, avant de s'arrêter encore. Furieuse, elle sort un petit de sa poche et lui administre une bonne fessée en disant :

- Ça t'apprendra à manger des biscuits au lit!

Deux mites se promènent
sur un veston :

- Vous partez en vacances
cette année?

- Oui, j'ai trouvé un petit
trou au bord de la Manche!

QUE SE FONT UN PAPA CYGNE ET
UNE MAMAN CYGNE LORSQU'ILS
SE RENCONTRENT?
RÉPONSE : UN PETIT SIGNE!

Un fou rit tout seul dans la rue. Un passant lui demande :

- Pourquoi riez-vous?

- Parce que je me raconte des blagues, répond le fou, et celle-là, je ne la connaissais pas.

· · · · · · · · · · · · · · · · · · · · · · · · · · · · · · · · · · · · · · · · · · · · · ·

Un hérisson a perdu sa maman dans le noir, en plein désert. Soudain, il se cogne à un cactus et s'écrie :

- Maman!

Les lions dorment jusqu'à
20 heures par jour.

QUELLES SONT LES LETTRES DE L'ALPHABET QUE LES PARENTS UTILISENT LE PLUS?

RÉPONSE : O B I (OBÉIS)

QUELLE EST LA DIFFÉRENCE ENTRE UNE BANANE ET UN COCHON?

RÉPONSE : ON N'ÉPLUCHE PAS LES COCHONS.

COMMENT APPELLE-T-ON UNE SOURIS
QUI SE TIENT AVEC UN GROUPE
DE SERPENTS?

RÉPONSE : LE DÎNER!

QUEL EST LE PLUS BEAU COMPLIMENT
QUE PEUT FAIRE UN VAMPIRE À SA
FIANCÉE?

RÉPONSE : TU ES BELLE À CROQUER.

Le professeur essaie de faire comprendre à Louis les bases de l'arithmétique :

- Louis, dit-il, si tu trouves une pièce de 1 $ dans ta poche droite et une autre pièce de 1 $ dans ta poche gauche, qu'est-ce que tu auras?

- Le pantalon de quelqu'un d'autre, répond Louis.

QUEL EST LE NOMBRE QUE DIT
UNE POULE QUAND ELLE POND?
RÉPONSE : 444719 (COT COT COT
C'EST UN ŒUF)

M. ET MME LACOUVERTUREPIQUE ONT
UNE FILLE. COMMENT L'APPELLENT-ILS?

RÉPONSE : SANDRA, CAR SANS DRAP
LA COUVERTURE PIQUE!

QU'EST-CE QU'UNE TOMATE AVEC
UNE CAPE?
RÉPONSE : C'EST UNE SUPER-TOMATE!

QU'EST-CE QU'UN CONCOMBRE AVEC
UNE CAPE?

RÉPONSE : C'EST UN CONCOMBRE
DÉGUISÉ EN SUPER-TOMATE.

Le professeur demande à Louis :

- Quelle est la cinquième lettre de l'alphabet?

Louis réfléchit :

- Euh...

- C'est très bien, Louis, dit le professeur, c'est la bonne réponse.

• • • • • • • • • • • • • • • • • • • • • • • • • • • • • •

- Nicole, je t'ai déjà dit qu'il ne fallait mettre qu'un « p » à « apercevoir », dit le professeur.

- Je sais, répond Nicole, mais je ne savais pas lequel enlever.

La maîtresse demande à Nicolas :

- Supposons que, devant toi, tu aies le nord. Qu'as-tu à ta droite?

- L'est, répond Nicolas.

- Bien. Et à ta gauche? poursuit le professeur.

- L'ouest, dit Nicolas.

- Parfait. Et derrière toi? demande encore le professeur.

- Un trou à mon pantalon. J'avais dit à maman que vous le verriez tout de suite! s'exclame Nicolas.

POURQUOI TON VOISIN NAGE-T-IL SOUVENT AU FOND DE LA PISCINE?

RÉPONSE : PARCE QU'AU FOND, IL N'EST PAS SI STUPIDE.

L'enseignante essaie en vain de déchiffrer ce que David a écrit sur sa feuille.

- Tu devrais écrire plus gros, dit-elle, je n'y vois rien.

- Pourtant, réplique David, ce sont des gros mots.

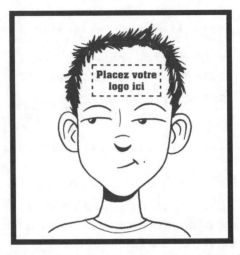

En 2003, une agence de publicité britannique a payé des étudiants pour qu'ils portent temporairement sur leur front des tatouages de logos d'entreprises.

QUE DIT LA PREMIÈRE BANANE
À LA DEUXIÈME?

RÉPONSE : RIEN, LES BANANES
NE PARLENT PAS.

QUE DIT LA MAMAN GRENOUILLE
À SON PETIT QUI REVIENT À
UNE HEURE TARDIVE?

RÉPONSE : DIS DONC, T'ES TARD!

- Elle avait trois enfants? demande
Josée.

- Oui, répond Patricia.

- Combien de garçons? reprend Josée.

- Aucun, dit Patricia

- Avait-elle des filles? ajoute Josée.

- Et à quel endroit a eu lieu l'accident? demande Alain.

- Approximativement au kilomètre 499, répond Sophie.

- Et où se trouve le kilomètre 499? poursuit Alain.

- Probablement entre les kilomètres 498 et 500, répond Sophie.

QUE DEMANDE LA PUCE À SON COPAIN, À LA SORTIE DU CINÉMA?

RÉPONSE : ON MARCHE OU ON PREND UN CHIEN?

- Le plus jeune fils, celui de 20 ans, quel âge a-t-il? demande Marie.

● ● ● ● ● ● ● ● ● ● ● ● ● ● ● ● ● ● ● ● ● ● ● ● ● ● ●

- Quelle a été la première chose que votre mari vous a dite quand il s'est réveillé ce matin-là? demande le juge.

- Il a dit « Où suis-je, Nicole? », répond l'accusée.

- Et pourquoi cela vous a-t-il mis en colère? reprend le juge.

- Mon nom est Suzanne, répond l'accusée.

En 1994, la marine suédoise a commencé à surveiller ce qu'on pensait être le son d'un sous-marin étranger. En fait, ce n'était que des visons qui nageaient.

Un fou se tape la tête contre un mur. Un passant lui en demande la raison, et le fou lui répond :

- Parce que tout le monde dit que je suis marteau!

• • • • • • • • • • • • • • • • • • • • • • • • • • • • • • • •

- Est-ce que je peux avoir du chocolat? demande Maxime.

Sa maman le regarde sévèrement :

- Qu'est-ce qu'on dit, Maxime? S'il, S'il...

- S'il en reste? répond Maxime.

Un inventeur a obtenu un brevet pour des meubles flottants. On les remplit d'hélium, de sorte qu'ils s'élèvent jusqu'au plafond pour dégager le plancher.

- Nous, quand on ne peut pas dormir, on compte les moutons.

- Mais alors, les moutons, que comptent-ils, eux? demande Guy.

COMMENT APPELLE-T-ON UN ÉLÉPHANT DANS UNE CABINE TÉLÉPHONIQUE?

RÉPONSE : COINCÉ

Apparemment, les humains prononcent
environ 40 000 mots par jour.
Commencez à compter.

40 % des adultes possèdent toujours l'ourson qu'ils avaient lorsqu'ils étaient petits.

POURQUOI LES ÉLÉPHANTS ONT-ILS LA PEAU RIDÉE?

RÉPONSE : PARCE QUE PERSONNE N'A JAMAIS ESSAYÉ DE LES REPASSER.

Le médecin arrive dans une chambre juste au moment où un nouvel infirmier secoue le malade comme un prunier.

– Vous êtes fou! s'écrie le médecin.

– Je suis désolé, répond l'infirmier, mais j'avais oublié de secouer le flacon avant de lui donner son médicament.

Mon premier est un personnage de conte féminin.

Mon deuxième se trouve sous la croûte.

Mon troisième est un homme de petite taille.

Mon quatrième est le participe passé du verbe pleuvoir.

Mon cinquième est une céréale très populaire en Chine.

Mon cinquième est utile à l'oiseau.

Mon tout désigne le genre et le nombre.

Les humains perdent environ 47 kg de
peau morte au cours de leur vie.

Le corps humain contient
de 33 à 47 litres d'eau.

- Avez-vous de la température, madame? demande le médecin.

- Non, répond la dame, l'infirmière vient de me la prendre!

• • • • • • • • • • • • • • • • • • • • • • • • • • • • • • • • • • • • •

Louis et son copain Bob marchent dans la rue. Tout à coup, Bob s'écrie :

- Regarde, un oiseau mort!

Louis lève les yeux au ciel et dit :

- Où ça?

POURQUOI LES LIONS MANGENT-ILS
LEUR VIANDE SAIGNANTE?

RÉPONSE : PARCE QU'ILS NE SAVENT
PAS COMMENT LA FAIRE
CUIRE.

QU'ARRIVERAIT-IL SI UNE MOUCHE
NOIRE TOMBAIT DANS LA MER
ROUGE?

RÉPONSE : ELLE SE MOUILLERAIT.

Au Cambodge, lorsque finit la pluie
de mousson, le niveau d'eau d'un
des lacs diminue si rapidement que
les gens peuvent « cueillir »
des poissons dans les arbres.

QUELLE EST LA DIFFÉRENCE ENTRE
UNE CHAISE ET UN MÉTRO?

RÉPONSE : AUCUNE, LE MÉTRO EST
SOUTERRAIN ET LA CHAISE
EST SOUS TES REINS.

Le nouveau voisin dit au vieil homme :

- Pardon, monsieur, avez-vous vécu ici toute votre vie?

Le vieil homme répond :

- Non, pas encore.

À Mexico, un restaurant très populaire se spécialise dans les recettes d'avant la conquête, comme le serpent à sonnettes broyé, les œufs de fourmis rouges et les criquets.

Les requins n'aiment pas tellement
le goût des humains. Ils préfèrent
des aliments plus gras.

Il y a plus de rats que d'humains
sur la planète.

Le taxi s'arrête et le chauffeur annonce le prix :

- 16,00 $!

- Je n'ai que 15,00 $ sur moi, répond le passager. Pouvez-vous reculer un peu?

• • • • • • • • • • • • • • • • • • • • • • • • • • •

- Garçon, que me recommandez-vous? demande un client.

- Un autre restaurant, monsieur! répond le garçon.

Les serpents viennent en tête
sur la liste de ce que
les gens craignent le plus.

# Solutions des charades